ŒUVRE

DES

POITRINAIRES DE VILLEPINTE

CHAPELLE DE MARIE-AUXILIATRICE

35, rue de Maubeuge

ALLOCUTION

PRONONCÉE

Par le Révérend Père DU LAC, S. J.

A L'OCCASION

de la messe célébrée le 31 mai 1897

pour le repos de l'âme des dix-sept Bienfaitrices de l'Œuvre

décédées au Bazar de la Charité

LE 4 MAI 1897

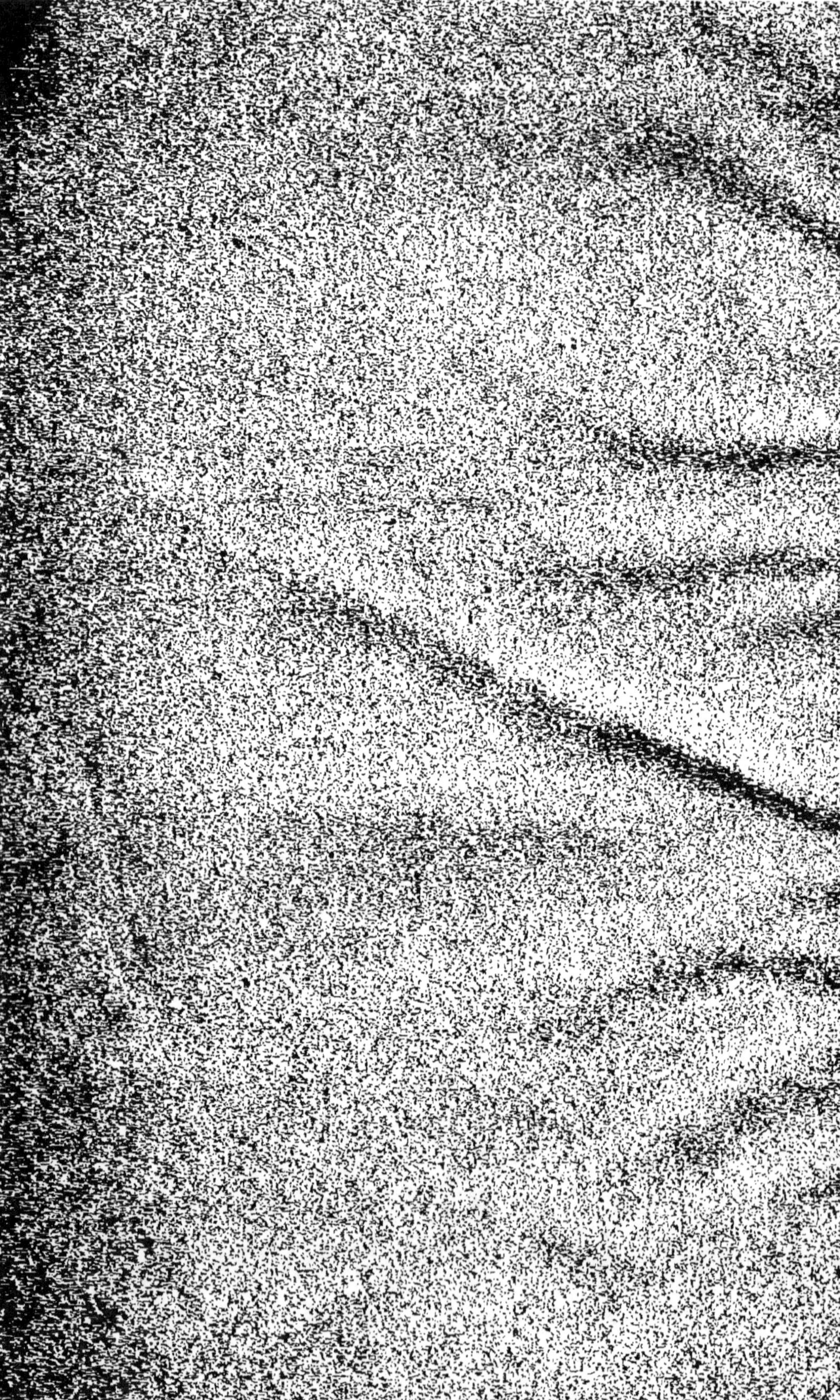

ŒUVRE

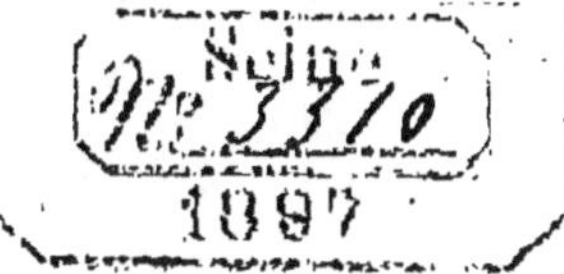

ALLOCUTION

PRONONCÉE

Par le Révérend Père DU LAC, S. J.

A L'OCCASION

de la messe célébrée le 31 mai 1897

pour le repos de l'âme des dix-sept Bienfaitrices de l'Œuvre

décédées au Bazar de la Charité

LE 4 MAI 1897

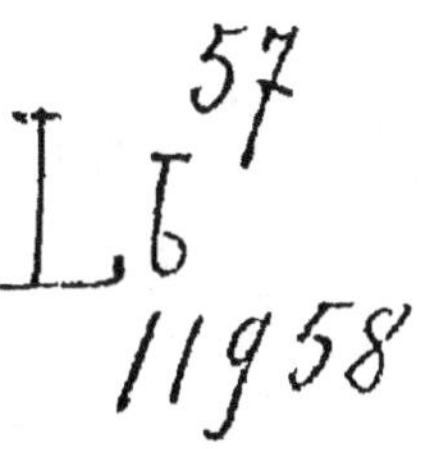

Mme HOSKIER,

Mme ROLAND GOSSELIN.

Mme THÉODORE PORGÈS,

Ctesse LOUIS DE LUPPÉ,

Mme JAUFFRED,

Mme JOSEPH DE CARAYON LA TOUR.

Ctesse D'HUNOLSTEIN,

Mme CARTERON,

Mlle JEANNE CARTERON,

Mme RABÉRY,

Mme GENTY,

Mlle MARIE-LOUISE DE CHEVILLY,

Mlle YVONNE DE CHEVILLY,

Mlle MADELEINE DE CLERCQ,

V^{tesse} DE BEAUCHAMP,

Mme HAUDUCOEUR,

Mlle HAUDUCOEUR.

*Deux passereaux ne se vendent-ils pas
un sou? Et il n'en tombe pas un sur la
terre sans que votre Père le permette.*
(S. Math. X, 29.)

Il semble que, de ces paroles divines, devrait sortir, pour nous,
une pensée consolante, mais non... L'Ange de la Consolation plane
encore trop haut. Et je n'ose essayer de vous proposer des réflexions
que votre esprit estimerait justes, parce que vous êtes chrétiens,
mais que votre cœur meurtri se refuserait à bien accueillir :
Noluit consolari quia non sunt. Vous ne voulez pas être consolés
parce que celles que vous pleurez ne sont plus.

On dirait que le temps n'a pas marché, que vingt-sept jours ne
se sont pas écoulés, et que nous sommes au lendemain.

J'ai à la main la liste de ces dix-sept noms; je voudrais vous les
lire — je ne peux pas; vos larmes me disent que bien moins
encore vous pourriez les entendre.

O mon Dieu, que vos desseins sont donc inexplicables! Et quelle
a pu être votre intention en permettant un accident qui devait
causer de telles douleurs?

Sur cette liste des bienfaitrices de l'œuvre des poitrinaires de
Villepinte, je remarque d'abord des personnes déjà avancées dans

la vie, mais qui, infatigables, continuaient à entrainer leurs filles et leurs petites-filles sur les sentiers du zèle; comment auraient-elles pu prévoir, hélas! où elles les conduisaient ce jour-là!...

J'y vois les noms de quelques jeunes femmes pour qui l'attrait triomphant de leur beauté n'était qu'un moyen d'aider plus sûrement au bien. « Aujourd'hui, je veux me faire belle, très belle, disait l'une d'elles, remarquable entre toutes, parce que j'ai fait une foule de petits ouvrages que je vais vendre et pour les vendre il faut être avenante, les malheureux y gagneront ». Et celle qui parlait ainsi, et d'autres, douées aussi de tous les dons extérieurs, avaient pris à tâche de s'incliner avec la sollicitude la plus tendre vers tant de pauvres corps fanés dans leur fleur par ce mal sans pitié qu'on soigne à Villepinte.

Je vois le nom d'une personne appartenant au culte israélite, mais tout adonnée aux œuvres charitables. Un quart d'heure avant le moment où jaillit cette étincelle qui, en douze minutes, devait livrer au feu cent quarante victimes, elle quitta une réunion provoquée par nos œuvres, elle la quitta malgré tout ce qu'on put faire pour la retenir, et elle allait se jeter dans les bras de la mort en apparence, en réalité, je l'espère bien, dans les bras de Celui qui récompense les bons. Car, si le fait de sa naissance l'avait tenue forcément éloignée de notre religion, sa vie toute consacrée à l'accomplissement de ses devoirs l'en avait rapprochée, je ne dis pas assez : « A qui fait son possible Dieu ne refuse pas la grâce. » Sur cette vérité théologique, j'appuie la certitude de ma confiance, et je crois que cette femme qui n'appartenait pas au corps de l'Église, appartenait à son âme du moment que son cœur battait à l'unisson du cœur de Dieu.

Il y a aussi des noms, toujours inscrits à tous les tableaux d'honneur de la pitié, des noms qu'on ne peut relire sans avoir envie de s'écrier en transformant la parole de Shakespeare : « O charité! ton nom est femme! » Elles faisaient tant de bien, on ne les remplacera pas : c'est le mot de tous.

Et, parmi eux, se lisent les plus grands noms de France, les noms de ces familles dont il y a du sang sur tous nos champs de bataille. Comme leurs pères marchaient au canon, elles allaient, ces filles de nos grands soldats, vers les champs de Villepinte, parce qu'elles savaient qu'on y souffrait beaucoup, qu'on y pouvait courir quelque danger, que des femmes comme elles y mouraient chaque jour et chaque nuit, parce qu'elles savaient que, vous, ò mes Révérendes Mères, vous veillez là, vous veillez seules, et elles n'avaient pu supporter, saintement jalouses, que vous parussiez abandonnées dans votre solitude. Elles voulurent donc la peupler de leur présence dans le jour, ne le pouvant la nuit; elles la peuplaient par leurs visites fréquentes et prolongées, elles la peuplaient représentées par les mille inventions délicates de leur charité, par leur nom inscrit au-dessus du lit fondé par elles où se prolongent ces vies douloureuses. Aujourd'hui, du haut du ciel, elles la peuplent de cette présence divine qui remplit nos cœurs de confiance en leur salut, d'espérance pour les œuvres que vous avez entreprises et qu'elles aideront de là-haut comme si elles étaient encore présentes.

Et voici même, sur cette liste, des noms de jeunes filles. Leur âge venait de leur donner accès dans les salons du monde, où à peine avaient-elles posé le pied, parmi les sourires et les fleurs, que déjà le bonheur semblait les convier à l'un de ces termes désirés où se fixe la vie. Soudain elles sont arrêtées, est-ce que je dirai dans le malheur de la mort? Oh non, arrêtées sur le seuil de l'éternité triomphante que Dieu leur fit franchir dans un pas effrayant, mais divin, mais éternellement bienheureux.

Et je lis enfin, à la place modeste qu'elles recherchaient toujours, les noms de ces femmes à la générosité plus grande que leur richesse, mais au cœur capable d'équilibrer l'une par l'autre à force d'abnégation, de renoncement à toute dépense personnelle. Cette si noble bourgeoisie catholique, honnête, intelligente, travailleuse, à laquelle elles appartiennent, c'est une bonne part de la fortune de la France, de son honneur aussi; et si les noms que portent ses filles n'ont pas jeté d'éclat dans notre histoire, n'est-il pas juste de dire que le sang de Jésus-Christ qui s'infuse si fréquemment dans leurs veines, remplit leur cœur d'une noblesse plus haute que toute noblesse humaine, en le divinisant, tout le long de leur vie, par l'habitude quotidienne du sacrifice, à certains jours par l'héroïsme du martyre!

Voilà vos diptyques sacrés, mes frères, où est inscrite à jamais la liste de vos saintes héroïnes. Vous les avez toutes reconnues au passage. Et à mesure qu'elles défilaient sous vos regards, couronnées et modestes, votre admiration aiguisant encore vos regrets, vous vous posiez avec plus d'insistance la question qui a ouvert ce discours : Pourquoi ne sont-elles plus?

Pourquoi ne sont elles plus?

Vous voulez donc rechercher quelle a été l'intention de Dieu, vis-à-vis de ces bonnes servantes du bien quand il les a laissées aller à cette sorte affreuse de supplice; quelle elle a été aussi vis-à-vis de vous? Nous allons essayer de le découvrir.

Je rechercherai ensuite quelle doit être votre intention à vous, mes frères, vous qui survivez, vis-à-vis de Lui.

Quelle a été l'intention de Dieu? Quelle doit être la vôtre?

Voilà les deux questions qui se posent après l'énumération douloureuse que vous venez d'entendre. Elles se sont posées à vous en présence des places que vous avez trouvées vides en rentrant chez vous au soir épouvantable de cette journée.

I

Il faut partir d'un principe: les intentions de Dieu n'ont pu être que bonnes, car ses attributs étant tous infinis, sa bonté est parfaite comme son intelligence.

Certes les apparences sont contre Lui.

Un philosophe (1) a écrit ceci : « Celui-là est bon qui fait du bien aux autres; s'il souffre pour le bien qu'il fait, il est très bon; s'il souffre de ceux à qui il fait du bien, il a une si grande bonté qu'elle ne peut être augmentée que dans le cas où ses souffrances viendraient à croître; s'il en meurt, sa vertu ne saurait aller plus loin, elle est héroïque, elle est parfaite. »

Mes frères, quand nous nous disons que l'on doit, dans cette phrase, remplacer ces mots : « Celui qui fait du bien aux autres » par : « Les servantes de Dieu qui Lui rendaient le plus d'honneur et faisaient le plus de bien », alors notre intelligence se perd, nous ne savons où nous prendre dans nos raisonnements, nous cherchons, nous ne trouvons pas. Nous nous demandons en quoi ont pu être bonnes les intentions de Dieu. nous répétons : Quoi! d'un coup, en un instant, comme par une trombe de feu, Il a laissé détruire ces merveilleux instruments de la charité. Et vous dites qu'Il est bon!

Vraiment, les apparences sont contre Dieu, Lui qui pleura Lazare, et dont les Juifs en le voyant pleurer disaient: « Comme

____

(1) La Bruyère.

Il l'aimait ; » Lui qui, rencontrant un jour un convoi sortant de Naïm et accompagné par la foule de la cité, s'approcha de la mère en larmes et lui dit : « Ne pleurez plus » ; Lui qui disait cela parce qu'Il allait rendre à cette mère son enfant, Le voilà qui fait pleurer non pas plus d'une mère, mais plus de cent... et Il ne nous rend personne ! N'a-t-Il plus de larmes, le Dieu des chrétiens ?

Un païen a dit : « Les choses sont pleines de larmes. » Oh oui, ces hautes murailles infranchissables, témoins, complices inconscientes de l'affreuse catastrophe, si elles avaient pu, elles auraient pleuré. Et vous, ô mon Dieu, notre Créateur, notre Conservateur, notre Père, vous n'avez pas pleuré ! N'étiez-vous donc pas là ? Et si vous étiez là, quelle a pu être votre intention ?

L'intention de Dieu en permettant ce malheur ? Est-ce de contribuer à ce grand courant humain dont on a tant parlé, ce courant de la solidarité universelle, grossi de toutes les sympathies qui s'y versent, est-ce là ce que vous avez voulu développer, ô mon Dieu ? Mais s'il touche un peu nos cœurs, c'est en passant, demain il aura disparu. Parmi tous ceux qui prônent la consolation qu'apportent ces sympathies venues de partout, qui pourrait prétendre que leur expression suffise à consoler nos douleurs ? Non, ni la douce émotion qu'elle a causée, ni la surprise plus douce encore de ces dons généreux dont on avait pu croire la source épuisée avec la vie des personnes charitables qui les provoquaient si bien, — ces dons ont grandi après leur mort, mais cette triste compensation ne nous console pas, ni ne justifie votre intention, ô mon Dieu.

L'intention de Dieu en permettant ce malheur, je ne vous annonce pas que nous puissions en comprendre la bonté, abstraction faite des ressources que la foi nous offre. Le talent, le génie se sont essayés à des explications et n'ont réussi qu'à montrer l'impuissance pour résoudre une telle question, du talent et du génie. « Implacable destin, cruelle ironie des choses ! » Toutes leurs réponses peuvent se formuler dans ces paroles vieilles comme le monde et comme tous les malheurs qui s'y abattent. Il semble qu'elles apparaissaient étrangement résumées dans la devise d'une des familles frappées en ce charmant rejeton, jeune fille de dix-huit ans, qui est remontée au ciel drapée dans ses voiles de feu ? Vous l'avez lue cette devise enguirlandée de roses au-dessus de la porte par où s'en allait son cercueil : *Que te fata trahant.* « Où la destinée te mène ». A prendre le sens strict des mots, on dirait la formule de la libre pensée, mais entendue ainsi au pied de la lettre, la chevalerie ne l'admettait pas plus alors que le véritable patriotisme ne l'admet aujourd'hui.

Et vous, chrétiens, mes frères, comme ce chevalier qui inscrivait *Credo* sur son écu, comme cette jeune victime qui croyait hier en ce qu'elle voit aujourd'hui, vous qui ne voyez pas encore, vous croyez qu'il n'y a pas d'autre destin que la Providence de Dieu; et à tous ceux qui accusent ce Dieu ou d'ignorance ou d'insensibilité, vous opposerez la réponse de la religion catholique: Non. Dieu n'est ni imprévoyant, ni dur, car tous ses attributs sont également infinis, son intelligence comme sa bonté. Il ne peut y avoir ni accident qui le surprenne, ni malheur qu'il ne veuille compenser: Dieu a donc eu une intention en permettant ce désastre et elle n'a pu être que bonne.

Il aurait dû prévoir, dites-vous. — Il prévoyait. — Mais s'Il prévoyait, Il devait empêcher! — Empêcher cet accident? Mais alors tous les accidents aussi. — Voilà le *Saint-Pierre*, un vaisseau-hôpital et chapelle parti pour secourir nos pêcheurs sur le banc de Terre-Neuve. On l'avait construit l'année dernière. Dès son premier voyage, brisé! perdu! On le remplace à grands frais par un autre le *Saint-Paul*; il part, il arrive,.. brisé aussi!

Et tous les autres accidents qui menacent l'homme, et qu'on ne peut parvenir seulement à énumérer! Dieu devrait donc aussi les prévoir!... Il les a prévus. — Les ayant prévus, il devait les empêcher! — Plus d'accidents? Mais il y a des ouvriers dont la vie est perpétuellement menacée par le genre de travail auquel ils se livrent. Ceux qui descendent dans les mines, ceux qui cassent les pierres, et sur les poumons de qui l'autopsie en retrouve les fragments qui ont amené la mort... Des ouvrières aussi. Il n'y a pas huit jours, qu'ici même je disais aux plumassières de se préserver de leur mieux contre l'invasion de ce duvet qui se détache de leurs mains plongées dans les plumes, va tapisser leur estomac, et leur occasionne des maladies dont le terme, hélas! est trop souvent à Villepinte.

Mais si Dieu, qui a prévu ces accidents mortels, se devait d'y pourvoir, Il devrait pourvoir aussi aux accidents inséparables de tous les travaux de la chimie dont les découvertes cependant prolongent la vie humaine. Plus d'accidents? Il ne faudrait plus, au même titre, de maladies; et, vous le voyez bien, dès lors voici, l'ordre de l'univers renversé, et ni plus ni moins, ce à quoi vous tenez le plus, la liberté de l'homme compromise, le progrès arrêté l'intelligence diminuée, puisqu'elle recevra moins d'encouragement.

Non ! Il faut accepter le monde tel qu'il est ; puisqu'il y a des hommes qui naissent, ne pas s'étonner qu'il y en ait qui meurent, et ne pas exiger ou que ses chemins soient bordés par la Providence divine de miracles perpétuels, ou que toutes les personnes qui se dévouent au bien des autres soient, par privilège, préservées de tout mal.

Il y a une autre manière de comprendre la bonté des intentions de Dieu.

Désireux d'aider ses créatures à s'acquitter de la dette contractée par leurs fautes, même quand son sang en a lavé la tache, le Sauveur Jésus a voulu qu'aux douleurs de sa Passion, toutes les souffrances humaines libres ou non pussent être unies. Il a donc voulu et que les douleurs de ces victimes, et que votre douleur, à vous, mes Frères, qui les pleurez dans une inconsolable amertume, ne fussent pas vaines.

La voilà, l'expiation volontairement acceptée, qui, unie à celle de Jésus crucifié, lui emprunte ses mérites infinis, et, divinisée par cette union, non seulement efface la peine due à nos fautes personnelles, mais fait rejaillir sur d'autres en une ondée bienfaisante toutes les grâces qu'elle a gagnées. Vraiment la réversibilité des mérites est le dogme le plus consolant et le plus naturel de notre sainte religion. Combien ceux qui vivent séparés de nous en regrettent la douceur ! Il est inscrit sur les parois des catacombes. Vous rappelez-vous ces billets que signaient jadis les martyrs au profit des « Tombés », expiant l'apostasie d'un survivant par le mérite du témoignage que leur mort apportait à la foi ? Ainsi rien n'est perdu, tout sert. Les souffrances s'expliquent par la contribution qu'elles apportent au bonheur de ceux qu'on aime, et si l'on jouit d'aimer, on jouit de souffrir au même titre, et l'on rend grâce à Dieu de la souffrance comme de l'amour. « Elle remerciait Dieu, dit Bossuet, de quoi ? De l'avoir faite reine ? Non, mais de l'avoir faite reine malheureuse. » Voilà donc quelle fut l'utilité de la souffrance pour celles qui l'ont endurée, et pour ceux qui les pleurent et à qui elles laissent en quittant la terre le souvenir consolant des mérites qu'elles ont conquis.

Dieu n'a-t-il pas voulu que la sainte Vierge, saint Joseph donnassent aux premiers chrétiens, à nous tous l'exemple de la souffrance et doutez-vous qu'en le voulant son intention ne fût bonne ?

Ne vous rappelez-vous pas qu'un jour de sa vie terrestre, Jésus se perdit laissant ses parents repartir sans Lui. Il se perdit exprès, puisqu'Il était Dieu. Perdu pendant trois jours, c'est-à-dire voulant que son père, que sa mère, pendant trois jours et trois nuits, Le cherchassent dans les larmes à travers les rues de la ville et les détours du Temple avant de Le retrouver.

Ne vous rappelez-vous pas qu'Il porta sa croix, qu'Il y fut cloué, et qu'Il fut crucifié sous les yeux de sa mère ? Il l'avait donc voulu. Et celle-ci dut dire dans son cœur cette parole : « C'est vous qui avez décidé de me choisir pour un tel supplice. »

Ne vous rappelez-vous pas que, des lèvres du vieillard Siméon, Marie avait reçu l'annonce de cette souffrance et de toutes les autres, et que leur lugubre cortège accompagna durant toute sa vie cette Vierge des douleurs ?

Telle avait donc été à l'égard de sa mère la volonté de Dieu.

Vous vous disiez tout à l'heure à la vue de vos propres souffrances et de celles des vôtres : « Pourquoi, pourquoi donc ? » Ah ! si vous voulez encore placer vos pourquoi, mettez-les ici, vous leur trouverez d'autres réponses.

Pourquoi ? Parce que Dieu voulait d'une part, que de la surabondance des mérites que la sainte Vierge, saint Joseph, tous les saints pouvaient gagner, le trop-plein débordât sur nous.

Pourquoi ? Parce qu'Il voulait d'autre part, que l'exemple des souffrances de Marie et des saints vînt nous encourager, et doubler de son efficacité plus grande celle des conseils qu'Il nous avait donnés.

Pourquoi ? Parce qu'Il voulait ainsi faire comprendre à l'univers que ces paroles qui l'avaient tant surpris : « Bienheureux les pauvres, bienheureux ceux qui pleurent, bienheureux ceux qui souffrent persécution !... Ne craignez pas ceux qui tuent le corps, mais craignez ceux qui tuent l'âme, » et tant d'autres paroles étonnantes avaient dans son intention toujours bonne un sens pratique et consolant pour nous, à savoir que les malheurs qui nous frappent nous sont utiles, pour tremper nos énergies dans leurs eaux très amères, pour nous détacher de ce qui nous captiverait trop ici-bas, pour relever aussi nos cœurs abattus par la souffrance vers l'unique consolateur.

Est-ce que les hommes d'ailleurs ne soumettent pas à des épreuves spéciales tout ce qui doit être pour eux du plus grand et du plus noble usage ?

Et comme on éprouve les choses, est-ce qu'on n'éprouve pas aussi les cœurs pour se rendre compte de leur fidélité?

Or, qu'est-ce que Dieu prise plus haut que notre cœur?

Oui, Dieu fait approcher de nous la souffrance comme la pierre de touche de nos vertus, et puisque nos vertus sont la manifestation de notre amour pour Lui, c'est son amour pour nous, c'est sa Bonté divine qui soumet à d'aussi rudes épreuves notre foi, notre espérance, notre charité, les faisant passer par des crises suprêmes qui en consacrent la valeur.

Il semble que Dieu dise à chacun de vous, au travers de ces flammes, par la voix de ces victimes : « O mon fils! crois-tu en moi, espères-tu en moi, m'aimes-tu quand même? » Et il semble que devant la bonté certaine des intentions de Dieu, voici le moment pour vous de rechercher quelles doivent être pratiquement les vôtres.

II

Ce que doivent être pratiquement vos intentions désormais, mes Frères?

Développer en vous davantage la foi, l'espérance, la charité, en proportion même de la grandeur du malheur qui vous écrase.

Les malheurs que Dieu permet, son cœur se doit de les tourner au bien : nous l'avons vu.

Mais si Dieu, laissant aux causes contingentes leur libre jeu, ce libre jeu a pour résultat d'ouvrir en notre cœur une source de larmes inépuisable, Dieu a eu, pour le permettre, des motifs qui ne peuvent pas plus contredire sa sagesse que sa bonté. Vous le croyiez déjà parce que vous êtes chrétiens. Vous le croirez désormais d'une foi plus certaine. vous ne douterez plus.

Les saints Pères disent que, dans les combats de ses martyrs, c'était Jésus qui combattait, qu'Il souffrait de leurs souffrances, qu'Il pleurait de leurs larmes jusqu'à l'heure suprême où, triomphant de leur victoire, Il en partagerait la gloire heureuse avec eux.

Dans cette arène de feu où des vierges, des épouses, des mères furent consumées comme ces torches vivantes des jardins de Néron, non, vous ne croirez jamais que Dieu qui a fait la flamme et le feu et la sensibilité extrême du corps humain à leur cruelle atteinte, ce Dieu qui pouvait d'un souffle de l'atmosphère tout détourner, tout éteindre, qui avait uni vos cœurs, vos vies à ces vies et à ces cœurs, vous ne croirez jamais que ce soit par insensibilité ou par ignorance qu'Il ait laissé les éléments matériels s'entendre pour ainsi dire afin de préparer et de commettre comme à coup sûr un aussi grand forfait?

Non, vous ne pouvez le croire, et vous direz avec moi :

O mon Dieu, je crois fermement tout ce que croit et enseigne la sainte Église, parce que vous êtes la Vérité et que vous ne pouvez ni vous tromper, ni nous tromper. Par conséquent, vous n'avez pas pu agir pour rien, cela n'est pas, cela ne serait pas divin, non vous n'avez pas agi pour rien. Par conséquent, vous n'avez pas agi non plus pour un but vague, indéterminé, parce qu'il n'y a pas de but indéterminé pour Dieu.

Vous avez remarqué, mes Frères, quelquefois comme des éclairs de mémoire qui se sont manifestés chez vous ; très distinctement vous avez vu d'un seul coup d'œil les divers détails et les plus menus d'un événement lointain que vous pensiez avoir oublié.

Dieu voit tout ainsi. La multiplicité quelle qu'elle soit, ne l'empêche pas de distinguer l'unité et de la voir dans les moindres traits qui lui sont propres. C'est telle âme, c'est telle autre, c'est la nôtre, mes Frères, c'est l'âme de chacun de vous, et non pas les âmes en général qu'Il envisage. Il a dit, un jour de son éternité, en choisissant dans le nombre indéfini des êtres possibles : « Voilà une âme que j'appelle ». Puis, s'inclinant vers la matière, Il a choisi quelques éléments corporels qu'Il a unis à cette âme et, soufflant sur ce composé humain, il a ajouté : « Va et tu reviendras, car je t'aime ». Eh bien ! Il avait prévu pour chacun de ces êtres, non seulement le chemin de leur vie, mais son terme, mais quand et comment Il les sommerait de revenir. Il avait prévu et le bien qui résulterait de ce malheur du corps pour ces âmes sauvées et celui qui en résulterait pour les vôtres, mes Frères.

Vous ne pouvez pas vous tromper, ô mon Dieu, voilà pourquoi par votre Grâce, je crois en Vous.

Vous ne pouvez pas nous tromper non plus : voilà pourquoi j'espère en Vous !

J'espère, je n'accepte pas la pensée que Dieu peut surprendre une âme comme dans une embuscade. C'est impossible. Ce qui nous paraît une surprise effrayante n'est tantôt qu'un moyen d'enlever une âme à des occasions qui la menacent, tantôt de la récompenser, sans qu'elle s'y attende, au risque de nous épouvanter nous-mêmes pour nous corriger, pour nous retenir et pour nous avertir, nous qui sommes encore attirés par le monde.

Mais cependant, « si elles avaient été prévenues! » dit-on. Si elles avaient été prévenues? Et qui vous dit qu'elles ne l'ont point été? Je ne parle pas du miracle de la communication directe, mais, sans jouer sur le mot, je parle de ces grâces prévenantes qui pressent une âme à certaines heures critiques de la vie, grâces qui se multiplient comme par elles-mêmes à mesure que l'âme y correspond, grandissent avec sa force dont elles sont la cause et la rendent capable, l'occasion venue, d'un effort sublime.

Écoutez, écoutez, mes frères, ce qu'écrit l'un d'entre vous, je ne lui demande pas pardon de le citer, c'est sa fille, une enfant de dix-huit ans, qui du haut du ciel lui a dicté cette lettre à son ami :

« Mon cher ami,

» Je viens de retrouver le carnet de résolutions de retraite de ma fille aînée. J'y lis, tracé de la main de cette enfant, bien plus avancée que nous ne pensions dans la voie de la perfection chrétienne et peut-être à cause de cela déjà mûre pour le ciel, le passage suivant dont l'application aux douloureux événements de ce mois vous frappera peut-être comme il m'a frappé moi-même :

» Je veux faire écrivait-elle, O Jésus, tout pour vous, par vous
» et toujours mieux. Alors, sûre de votre appui, je travaillerai
» de plus en plus, ô mon Jésus, à ma sanctification, afin de vous
» aimer toujours davantage, *afin aussi que vous puissiez vous*
» *servir de moi comme de votre victime,* sur laquelle vous apaiserez
» cette soif ardente d'aimer les hommes, qui dévore votre cœur. »

En voici une autre que j'ai dirigée bien des années. Je voyais, depuis quelque temps surtout, se succéder sans répit les épreuves qui accablaient cette âme, et je me disais : A voir ce qu'elle subit, je me demande ce qu'elle va encore avoir à subir ! Car telle est ordinairement la conduite de Dieu quand Il appelle une âme à la gloire du ciel. Et n'est-ce pas celle des hommes dans la recherche de la gloire de la terre ? On n'arrive pas, sans y mettre beaucoup de peine, et de la sueur et des larmes et du sang, à la gloire de l'intelligence, à la gloire du cœur, non plus qu'à la gloire des armes; vous le savez bien, vous qui tenez en main la plume ou le pinceau, ou vous qui portez peut-être sur votre corps les marques indélébiles de votre valeur! Il n'en va pas autrement pour la gloire du Ciel. Dieu veut que nous lui fassions honneur, il faut être une vertu éprouvée, il faut être un exemple vivant de dévouement par le sacrifice, de foi, d'espérance, de charité.

Et l'on a trouvé dans les pages, écrites de ces mains vouées au feu, des choses qui, aujourd'hui, vraiment je ne sais si je dois dire nous étonnent ou nous ravissent.

Écoutez cette prière écrite de la main de l'une d'elles et recopiée maintes et maintes fois dans tous ses papiers et ses livres :

« O Jésus, j'adore votre dernier soupir, recevez le mien. Dans l'incertitude si j'aurai l'esprit libre, lorsque je sortirai de ce monde, je vous offre dès ce moment mon agonie et toutes les souffrances de ma mort.

» Comme vous êtes mon Père et mon Sauveur, je remets mon âme entre vos mains. Je désire que le dernier moment de ma vie honore celui de votre mort et que le dernier soupir de mon cœur soit un acte de votre pur amour! Amen. »

Et telle autre, telle autre que je n'ose indiquer d'une manière plus précise, qui vivait dans la mortification volontaire et dont les instruments de pénitence cachés ont été découverts tout pareils à ceux des Saints.

Elle n'était pas la seule.

Non! si Dieu, par miracle, les eût prévenues, je me demande ce qu'elles auraient changé à leur vie.

On dit que saint Louis de Gonzague, un jour pendant la récréation, comme on lui posait cette question : « Frère Louis, si vous saviez que vous allez mourir ce soir subitement, que feriez-vous? » répondit sans hésiter : « Je continuerais ma récréation. » Cette parole de saint Louis de Gonzague me fait penser à la plupart de nos saintes victimes.

L'une d'elles avait oublié son chapelet, elle quitte le Bazar de la Charité, elle va chez elle le chercher, il était 4 heures, et elle rentre en le récitant. Elle va le finir au Ciel.

Sans doute la couronne qui vous semblait suspendue sur ces têtes chéries est descendue plus vite que vous ne pensiez, qu'elles ne pensaient.

Mais il n'y a rien là qui contredise l'espérance, et, au contraire, il y a de quoi donner confiance à qui connaît le cœur de Dieu.

Car, si les Conciles nous enseignent que « le juste ne peut sans la grâce repousser, par des motifs fondés sur la moralité et sur le sentiment du devoir, les tentations violentes, ni même observer tous les préceptes de la loi naturelle pendant un temps quelque peu considérable », il semble tout aussi certain, et il est aussi de l'enseignement de l'Église que l'homme juste a besoin d'une grâce spéciale pour avoir la persévérance finale.

Il y a donc une grâce actuelle spéciale, liée à l'impression terrible du dernier moment. Eh bien ! c'est sur cette vérité de la foi elle-même que je m'appuie pour fortifier notre espérance, mes Frères, en présence d'une aussi soudaine catastrophe.

Je vois, je vois au-dessus de ce bûcher les Anges du Ciel, apportant comme en gerbes les grâces de Dieu, et, penchés sur ces victimes au moment où ils vont les soulever sur leurs ailes, je les vois ranimant leur cœur douloureux de la douce et forte grâce du dernier moment.

En doutez-vous? Croyez-vous que Dieu puisse tendre des pièges? Je ne le croirai jamais. Le bon Dieu, mais c'est notre père, c'est notre mère, c'est l'être qui aime le mieux au monde. Qu'Il ait laissé faire ce que vous savez, je n'ose espérer que vous le comprendrez tous, mais il y a une chose que tout chrétien comprend, il y a une chose que tout chrétien croit et pour laquelle vous donneriez toutes les gouttes de votre sang : c'est que Dieu n'appelle à Lui une créature qui a dépassé l'âge de la raison, que lorsqu'Il l'a comblée de toutes les grâces qui suffisent à son salut. -- Cela est de foi.

Lors de ces accidents épouvantables, lors de ces naufrages où des milliers de personnes meurent d'un coup, un chrétien aime à considérer dans le passé de ces âmes leur histoire, il aime à se dire que Dieu les a suivies pas à pas tout le long de leur existence, qu'Il les a prévenues, environnées de ses grâces, relevées, pardonnées jusqu'à cette heure où Il les a conduites, et que là, dans ce moment, soudain Il fait encore un dernier effort, que ce dernier effort est souvent victorieux ; et, tandis que ces victimes se tordaient peut-être dans les souffrances de l'agonie, de leurs lèvres blêmies partaient encore ces mots : « Mon Dieu, je vous aime! » Or, un acte de contrition parfaite suffit pour mettre une âme au ciel.

Au milieu de nos larmes, il nous reste donc avec la consolation de la foi, celle de l'espérance. Toutefois ce sont là comme les consolations de l'avenir, en ce sens que leur bienfait ne se fait pas toujours sentir dans le présent.

Il n'est personne ici qui ne m'approuve lorsque j'ajouterai pour terminer : il y a une consolation actuelle, c'est celle de la charité.

La charité envers notre pays d'abord, celle qu'on appelle le patriotisme, puis la charité envers ceux qui ne pensent pas comme nous.

Quand passant près de l'Arc de Triomphe de l'Étoile, nous lisons les noms des grands victorieux qui y sont inscrits, nous nous disons : « Tous, jeunes ou vieux, sont morts tués ». Nous ne nous demandons pas pourquoi Dieu a permis au feu ou au fer de les abattre. Non, nous nous rappelons la parole de la mère de l'un d'entre eux, voyant ramener chez elle son cadavre : « Ouvrez les portes toutes grandes, jamais tant de gloire n'est entrée dans ma maison. »

Nous nous disons que leur gloire justifie leur mort. Nous relevons la pierre dressée au pas des Thermopyles et nous y lisons les paroles fameuses : « Passant, va dire à Sparte que trois cents de ses fils sont morts ici pour obéir à ses lois. »

Eh bien, quand vous passerez dans cette rue, vous pourrez dire que cent quarante des meilleures filles de France sont mortes là, en s'efforçant de lui faire du bien et que c'est par de tels efforts, payés de si grands sacrifices, qu'on la sauvera.

Mais on la sauvera aussi en aimant d'un amour plus chaud, plus humble, plus généreux, ceux de nos frères qui semblent ne pas nous aimer.

Il y a quatre ans, l'archevêque de Philadelphie disait au Congrès catholique de Chicago : « Il y a un monde catholique et un monde qui ne l'est pas. Entre eux, un océan de préjugés roule ses flots sombres. Des deux côtés, il y a des cœurs faits pour s'unir, des cœurs que Dieu a créés pareils, des yeux qui, s'ils pouvaient se regarder en face, ne se détourneraient plus les uns des autres. C'est la mission du Congrès catholique de rapprocher ces deux mondes... d'amener à s'entendre des hommes qui sont divisés seulement parce qu'ils ne se comprennent pas. Au fond, le monde qui n'est pas catholique n'est pas opposé au catholicisme, mais à ce qu'il pense être le catholicisme. Les doctrines qui ont excité contre nous son animosité, nous les repoussons avec autant d'énergie, avec autant de constance, avec autant d'indignation que peut le faire quiconque ne partage pas notre foi. Dès lors, qu'a-vons-nous à demander, sinon d'être connus ? ». (1)

Pour parler de la sorte, mes Frères, il faut être certain de posséder en soi-même une charité qui fait que l'on gagne à être connu.

J'ose le dire, elles étaient connues du peuple, ces saintes et géné-reuses victimes que vous pleurez, connues pour de bonnes catho-liques. Et la preuve c'est que le peuple les pleure avec vous. — Car on peut bien dire de chacune d'elles que tous ceux qui les connaissaient les aimaient, et que tous ceux qui les aimaient les pleurent.

Elles étaient connues du peuple parce qu'elles allaient à lui et qu'elles y savaient aller.

Voulez-vous, mes Frères, être consolés autant qu'on peut l'être ici-bas? allez à ceux qui souffrent et essayez de leur porter de la consolation.

Lorsqu'un coup de grisou éclate dans une mine, tout le village est atteint. Les pauvres femmes sont là, sur le bord du trou béant, attendant qu'on en retire le corps de celui qu'elles ont aimé. Et quand un naufrage supprime tout à coup cette maison flottante où vivent les pères de famille et les époux, toutes les femmes sont sur les portes de leurs maisons du village, ou sur la côte qui le borde. Eh bien! c'est notre village qui a été atteint; c'est le village de la charité; nous y vivions, vous y viviez, mes Frères. Vous êtes les pères de famille de ce village, vos femmes, vos filles en étaient le soutien, l'espérance; tout ce qui survit doit vivre plus uni, et il en sera ainsi par la grâce de Dieu. Car puisque c'est votre village qui est atteint par ce fléau, il faut que toutes les personnes qui l'habitent avec vous profitent de ce voisinage comme elles en ont souffert. C'est juste. Voyez comme la générosité, comme la bienfaisance humaine envoie au loin ses secours aux populations flagellées par le désastre des tempêtes ou des coups de grisou! Il faut que votre générosité atteigne tous ceux qui vous approchent de plus près, les atteigne non seulement dans leur corps, mais dans leur âme et que votre âme aussi en profite.

La voilà, l'intention finale de Dieu; il faut qu'à la voix de celles qui ne sont plus, que vous aimiez, et qui vous aiment plus que jamais, faire passer en actes votre charité, entendez-vous bien?

---

(1) Cité dans *le Correspondant* du 10 janvier 1894, p. 11.

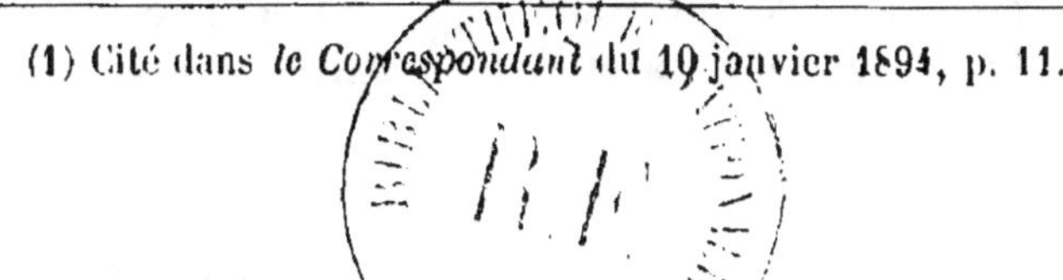

J'ai dit ceux qui vous approchent de plus près, j'entends les serviteurs. Vous vous efforciez sans doute de leur donner l'exemple de la charité sincère et du vrai dévouement. Ne trouvez-vous pas qu'ils vous l'ont rendu? Quelquefois vous leur en expliquiez la leçon, ils vous ont montré qu'ils la savaient. Honneur à eux! Serviteurs dévoués, ils ont été vos maîtres à cette heure. Soyez leurs serviteurs à présent qu'ils règnent sur des trônes dans la gloire, en vous efforçant de servir, comme ils l'ont fait, Celui qui, leur inspirant le courage du devoir bien rempli jusqu'au bout, leur a conféré la gloire de leur mort après l'humilité de leur vie.

Vous ne remplirez pas seulement vos devoirs de charité envers ceux qui vous approchent de plus près, votre charité ne voudra pas s'en tenir là. Peut-être parmi vous, quelques-uns ont déjà beaucoup souffert dans leur vie. . jamais tant que depuis quelques semaines. Peut-être aussi, vous qui n'avez pas été touchés d'aussi près, n'avez-vous pas connu le malheur. Eh bien ! portez vos yeux là-bas, revoyez par la pensée cette maison de Villepinte qu'aimaient tant celles que vous pleurez, où à chaque marche d'escalier on rencontre des jeunes filles essoufflées qui ne peuvent plus monter ; cette maison où, à chaque pas, on a envie de se retourner, les premières fois qu'on entre, en entendant tousser, parce qu'il ne semble pas que personne puisse tousser ainsi sans mourir ; cette maison où la mort continuellement frappe à la porte. N'est-ce pas vraiment la maison de la souffrance? Oui, mais aussi, c'est le palais de la charité. Ah! remercions, admirons, celles qui ont contribué à faire le bien, que Dieu a jugées dignes, à cause de leur charité, de la récompense des martyrs.

Et maintenant, me tournant vers vous, mes Frères, je vous dis : Je ne suis pas inquiet sur le sort de ces œuvres, je suis moins inquiet que jamais, parce que, chaque fois que vous sentirez que, là, une souffrance s'éveille qui réclame plus instamment des secours, chacun de vous se dira, pensant à celle qu'il a perdue : « Nous ne faisions qu'un pour donner, tant nos cœurs étaient unis ici-bas ; désormais nous serons deux : celle qui vit au Ciel et celui qui est resté sur la terre ». Et puis, sonnera l'heure où c'est à votre porte qu'on frappera, où vous sentirez que le dernier soupir vous échappe. Oh ! alors, de nouveau, vous serez deux, l'âme qui appelle et l'âme qui va partir.

Voulez-vous décidément être unis pour toujours et ne faire qu'un dans le Cœur de Jésus? Que la charité vous prépare la route, que l'espérance vous montre le but, que la foi vous confirme dans sa recherche! Alors vous aurez justifié, les ayant bien comprises, les intentions de Dieu, et l'auréole du sacrifice si douloureux qu'Il vous a demandé commencera pour vous, comme pour celles qui ne sont plus, l'auréole de l'éternité!

AINSI SOIT-IL.

PARIS. — IMPRIMERIE CHAIX. — 15140-7-97.